This book belongs to

☐——————————————————————☐

Name

☐——————————————————————☐

Date

Nine Forty Publishing

NineFortyPublishing@Yahoo.com
amazon.com/author/ninepublishing

Notes

Date _____ **Speaker** _____

Topic _____

Scripture References

_____

_____

Notes	Prayer Requests

Further Study

Keywords

Notes

Date _____ **Speaker** _____

Topic _____

Scripture References

_____

_____

Notes	Prayer Requests

Keywords

Further Study

Notes

Date _____ Speaker _____

Topic _____

Scripture References

_____

_____

Notes	Prayer Requests

Further Study

Keywords

Notes

Date _____   **Speaker** _____

Topic _____

Scripture References

_____

_____

Notes	Prayer Requests

Further Study

Keywords

Notes

Date _____ **Speaker** _____

Topic _____

Scripture References

_____

_____

Notes	Prayer Requests

Further Study

Keywords

Notes

Date _____ Speaker _____

Topic _____

Scripture References

_____

_____

Notes	Prayer Requests

Further Study

Keywords

Notes

Date _____   **Speaker** _____

Topic _____

Scripture References

_____

_____

Notes	Prayer Requests
	Keywords
Further Study	

Notes

Date _____ **Speaker** _____

Topic _____

Scripture References

_____

_____

Notes	Prayer Requests

Keywords

Further Study

Notes

Date _____ Speaker _____

Topic _____

Scripture References

_____

_____

Notes	Prayer Requests

Further Study

Keywords

Notes

Date _____ **Speaker** _____

Topic _____

Scripture References

_____

_____

Notes

Prayer Requests

Keywords

Further Study

Notes

Date _____   **Speaker** _____

Topic _____

Scripture References

_____

_____

Notes	Prayer Requests

Further Study

Keywords

Notes

Date _____   **Speaker** _____

Topic _____

Scripture References

_____

_____

Notes	Prayer Requests

Further Study

Keywords

Notes

Date _____ **Speaker** _____

Topic _____

Scripture References

_____

_____

Notes	Prayer Requests

Keywords

Further Study

Notes

Date _____ **Speaker** _____

Topic _____

Scripture References

_____

_____

Notes	Prayer Requests

Further Study

Keywords

Notes

Date _____ Speaker _____

Topic _____

Scripture References

_____

_____

Notes	Prayer Requests
	Keywords
Further Study	

Notes

Date _____   **Speaker** _____

Topic _____

Scripture References

_____

_____

Notes	Prayer Requests

Further Study

Keywords

Notes

Date _____ **Speaker** _____

Topic _____

Scripture References

_____

_____

Notes	Prayer Requests

Further Study

Keywords

Notes

Date _____ **Speaker** _____

Topic _____

Scripture References

_____

_____

Notes	Prayer Requests

Keywords

Further Study

Notes

Date _____   **Speaker** _____

Topic _____

Scripture References

_____

_____

Notes	Prayer Requests

Further Study

Keywords

Notes

Date _____ Speaker _____

Topic _____

Scripture References

_____

_____

Notes	Prayer Requests

Further Study

Keywords

Notes

Date _____ Speaker _____

Topic _____

Scripture References _____

_____

_____

Notes

_____
_____
_____
_____
_____
_____
_____
_____
_____
_____
_____
_____
_____
_____
_____

Further Study

_____
_____
_____

Prayer Requests

_____
_____
_____
_____
_____
_____
_____
_____
_____
_____
_____

Keywords

_____
_____
_____
_____
_____
_____
_____

Notes

Date _____ **Speaker** _____

Topic _____

Scripture References

_____

_____

Notes	Prayer Requests

Keywords

Further Study

Notes

Date _____ Speaker _____

Topic _____

Scripture References

_____

_____

Notes	Prayer Requests

Further Study

Keywords

Notes

Date _____ Speaker _____

Topic _____

Scripture References _____

_____

_____

Notes	Prayer Requests

Keywords

Further Study

Notes

Date _____ **Speaker** _____

Topic _____

Scripture References

_____

_____

Notes	Prayer Requests

Keywords

Further Study

Notes

Date _____ **Speaker** _____

Topic _____

Scripture References

_____

_____

Notes	Prayer Requests

Keywords

Further Study

Notes

Date _____ Speaker _____

Topic _____

Scripture References

_____

_____

Notes	Prayer Requests

Further Study

Keywords

Notes

Date _____ **Speaker** _____

Topic _____

Scripture References

_____

_____

Notes	Prayer Requests

Further Study

Keywords

Notes

Date _____   **Speaker** _____

Topic _____

Scripture References

_____

_____

Notes	Prayer Requests

Further Study

Keywords

Notes

Made in the USA
Middletown, DE
09 June 2023

32331973R00066